Nexus –
Scrum für mehrere Teams

Das Nexus-Framework verstehen und anwenden – Erfolgsfaktor im Einsatz von skaliertem Scrum – eine Vorbereitung auf die Nexus^{TM} - (SPS)-Zertifizierung

Paul C. Müller

1

Nexus – Scrum für mehrere Teams

Das Nexus-Framework verstehen und anwenden – Erfolgsfaktor im Einsatz von skaliertem Scrum – eine Vorbereitung auf die Nexus™ - (SPS)-Zertifizierung

Paul C. Müller

Impressum

Bibliografische Information der Deutschen Nationalbibliothek:
Die Deutsche Nationalbibliothek verzeichnet diese Publikation in der
Deutschen Nationalbibliografie; detaillierte bibliografische Daten sind im
Internet über http://dnb.dnb.de abrufbar.

Herstellung und Verlag: BoD – Books on Demand, Norderstedt

ISBN: 978-3-7519-7868-2

Inhalt

VORBEMERKUNG

Scaled Professional Scrum™ (SPS) ist wie auch die weiteren im Buch genannten Scrum-Zertifizierungen Eigentum der Scrum.org. Das vorliegende Buch ist ohne Einflussnahme oder Auftrag der Scrum.org als Ausdruck der eigenen Auseinandersetzung des Autors mit den dargestellten Themen entstanden. Der einfacheren Lesbarkeit halber wurde im Text auf die Auszeichnung von Marken und Warenzeichen verzichtet. Diese sind aber jeweils mit gemeint und sollen so verstanden werden.

Grundsätzlich ist es sinnvoll, dass der Leser sich vor der Lektüre dieses Buches mit Scrum auseinandergesetzt hat. Dies muss nicht zwingend Im Rahmen elner Zertifizierung sein; wer allerdings eine Scrum.org SBS-Zertifizierung anstrebt, dem sei eine vorgängige Ausbildung und Zertifizierung auf Ebene Product Owner oder Scrum-Master der Scrum.org ans Herz gelegt. Für all jene, welche diese Kenntnisse nicht besitzen, habe ich mich entschlossen, im Sinne eines Bonus das Kapitel "Das Scrum-Framework verstehen und anwenden" aus meinem Buch zum Agilen Leadership einzubinden.

VORWORT

Ich erlebe immer wieder Firmen, welche mit Scrum ganz erfolgreich Produktentwicklung betrieben haben und dann beim nächsten Schritt, der Skalierung von Scrum – also der Umsetzung von mehreren Entwicklungsteams, welche am selben Produkt arbeiten – kläglich scheitern.

Wenn mir solche Firmen ihr Leid klagen, stelle ich eigentlich fast immer fest, dass diese Firmen zwar irgendwann einmal entweder erfahrene Scrum-Master eingestellt oder eigene Leute zu Scrum-Mastern weitergebildet haben und Entsprechendes auch im Zusammenhang mit ihren Product Ownern getan haben[1], dass aber keiner auf die Idee gekommen zu sein scheint, sich mit der Frage auseinanderzusetzen, wie denn die ganze Zusammenarbeit im Kontext einer skalierten Umgebung zu leisten sei.

Skaliertes Scrum ist, anders als viele dieser Firmen wohl meinen, nicht einfach eine Art von aufgeblasenem Scrum. Es ergibt sich durch die Veränderung des Settings ein erheblicher Komplexitätszuwachs.

---

[1] es wird mir immer ein Rätsel bleiben, warum ausgerechnet die Menschen, die während der Sprints Scrum umsetzen sollen, in den allerwenigsten Fällen eine entsprechende, rollenbasierte Ausbildung erhalten haben. So gibt es alleine beim Zertifizierer Scrum.org aktuell (7/2020) über 320 000 zertifizierte Scrum-Master und über 70 000 zertifizierte Product Owner, aber nur gerade etwas über 11 000 Entwickler – und das in einer Situation, wo es in jedem einzelnen Team mehr Entwickler als Product Owner oder Scrum-Master gibt, welche Scrum betreiben und Produkte umsetzen.

8

Einerseits im Hinblick auf die Abhängigkeiten zwischen den Teams, andererseits auch im Hinblick auf Kommunikation und Abstimmung. Das gilt es zu organisieren. Dazu haben verschiedene Scrum-Fachleute Frameworks entwickelt, welche Themen wie Prozessanpassungen, Rollen, Events, Artefakte darstellen. Einer davon war Ken Schwaber, einer der Väter von Scrum, der mit dem Nexus-Guide eine Erweiterung zu Scrum geschaffen hat. Daneben gibt es etliche weitere und es ist natürlich nicht zwingend notwendig, eines der genannten Frameworks umzusetzen, um erfolgreich skalieren zu können. Was aber immer eine Voraussetzung für den Erfolg einer Skalierung ist, ist eine von den Werten von Scrum getragene Festlegung der genannten Aspekte und Interaktionen. Dies kann im Rahmen eines agilen Weiterentwicklungsprozesses basierend auf Transparenzüberprüfung und Anpassung geschehen, man kann dazu aber auch ein bestehendes Framework wie Nexus nehmen und das eigene Vorgehen entsprechend anpassen.

Das vorliegende Buch ist für Menschen geschrieben, welche gern basierend auf einem bestehenden, bei etlichen Firmen bewährten Framework arbeiten und sich einen Überblick über Nexus verschaffen möchten. Als Zusatznutzen ist das Buch so geschrieben, dass es auch für die Vorbereitung auf eine Scrum.org Scaled Scrum Professional-Zertifizierungsprüfung genutzt werden kann. Ich habe mich bemüht, das dafür benötigte Wissen auf den Punkt darzustellen, um damit eine effiziente Prüfungsvorbereitung zu ermöglichen.

Wenn Sie dann die Prüfung bestanden haben, dann haben Sie sozusagen den Führerschein für Nexus bekommen. Bitte verwechseln Sie das nicht mit der Zulassung als Formel-1-Fahrer. Bis dahin werden

Sie (wie immer, wenn es um Wissen geht) noch jede Menge anwenden und Erfahrungen sammeln müssen. Hoffentlich haben Sie dabei einen erfahrenen Mentor oder Coach, der Sie bei diesem Prozess unterstützt.

Ich wünsche Ihnen bei Ihrer Auseinandersetzung mit Nexus viele interessante Erkenntnisse und – falls Sie zur Zertifizierungsprüfung antreten sollten – viel Erfolg!

Der Autor

Bevor wir uns mit der Frage beschäftigen, was Scrum ist und was agile Führung im Kontext von Scrum bedeutet, scheint es wichtig zu sein, sich zunächst damit auseinanderzusetzen, was Agilität eigentlich bedeutet. Welche Ideen stehen dahinter und welchen Nutzen soll uns Agilität bringen? Um das zu erkunden, ist es sinnvoll, sich zunächst mit dem agilen Manifest, sozusagen der Verfassung der Agilität, auseinanderzusetzen:

Das agile Manifest

Im Februar 2001 trafen sich in den Wasatch-Bergen des amerikanischen Bundesstaates Utah in einer Ski-Lodge siebzehn Menschen, um gemeinsam zu reden, Ski zu fahren und zu entspannen. Sie alle waren mit der Art und Weise, wie Software-Entwicklung stattfand, nicht zufrieden und glaubten, dass Alternativen zu dokumentationsträchtigen, schwergewichtigen Software-Entwicklungsprozessen notwendig seien.

Diese Gruppe organisatorischer Anarchisten, die sich «The Agile Alliance» nannten, formulierten und unterschrieben gemeinsam das «Agile Manifest». Dabei ist zu beachten, dass die anwesenden Personen später ganz unterschiedliche Wege gegangen sind und unterschiedliche Methoden und Frameworks basierend auf der gemeinsamen Grundlage «Agiles Manifest» entwickelt haben. (Mit-)Entwickler von «Extreme Programming», «Scrum», «DSDM», «Adaptive Software Development», «Crystal» und anderen legten hier einen gemeinsamen Grundstein für die weitere Entwicklung von

Software-Entwicklung und in vielen Fällen auch für weit über die Software-Entwicklung hinausgehende Fragestellungen.

Weitere Informationen zur Entstehungsgeschichte finden Sie unter: http://agilemanifesto.org/history.html

Manifest für agile Softwareentwicklung

„Wir erschließen bessere Wege, Software zu entwickeln,

indem wir es selbst tun und anderen dabei helfen.

Durch diese Tätigkeit haben wir diese Werte zu schätzen gelernt:

Individuen und Interaktionen mehr als *Prozesse und Werkzeuge*

Funktionierende Software mehr als *umfassende Dokumentation*

Zusammenarbeit mit dem Kunden mehr als *Vertragsverhandlung*

Reagieren auf Veränderung mehr als *das Befolgen eines Plans*

Das heißt, obwohl wir die Werte auf der rechten Seite wichtig finden,

schätzen wir die Werte auf der linken Seite höher ein."

In kurzen Worten beschreibt das Manifest damit die Grundlagen agilen Denkens.

Individuen und Interaktionen mehr als Prozesse und Werkzeuge

Das Befolgen von Prozessen und der richtige Einsatz von Werkzeugen ist zweifellos ein zentraler Erfolgsfaktor für die Durchführung erfolgreicher Entwicklungsprozesse. Trotzdem stellt ihnen das agile Manifest zu Recht «Individuen und Interaktionen» voran. Nur Individuen sind in der Lage, sich permanent weiterzuentwickeln und damit eine stetige Verbesserung des Entwicklungsprozesses und der entwickelten Produkte zu erzielen. Die Interaktion zwischen Individuen bietet zusätzliches Potential, dass aus der Arbeit eines Teams mehr wird als die Summe der Einzelleistungen. Andererseits kann ein Team nur dann optimal wirken, wenn jedes Teammitglied auch als Individuum mit Stärken, Schwächen und eigener Persönlichkeit wahrgenommen und als solches einbezogen wird.

Funktionierende Software mehr als umfassende Dokumentation

Das Festhalten von Anforderungen im Vorfeld sowie die Dokumentation der umgesetzten Resultate sind eine Grundlage für die Verständigung über Produktinhalte und die Grundlage für erfolgreiche Wartung und Weiterentwicklung. Gelingt es aber nicht, ein funktionierendes Software-Produkt zu erstellen, ist ihr Nutzen sehr begrenzt.

Zusammenarbeit mit dem Kunden mehr als Vertragsverhandlung

Verträge und Vereinbarungen zwischen Kunden und Herstellern sind von großer Bedeutung. Sie bilden eine wichtige Basis dafür, sicherzustellen, dass alle Beteiligten einen Auftrag gleich verstehen. Trotzdem können Verträge nicht jedes mögliche Szenario detailliert abbilden und jedes mögliche Ereignis vorwegnehmen. Sie entstehen basierend auf dem Kenntnisstand zu einem bestimmten Zeitpunkt. Im

Verlauf eines Projektes entwickeln sich aber sowohl Kunde als auch Lieferant weiter. Das verfügbare Wissen zum gemeinsamen Projekt nimmt zu und auch Rahmenbedingungen verändern sich. Um dieser Entwicklung im Rahmen des Projektes Rechnung zu tragen, ist eine gute und intensive Zusammenarbeit mit dem Kunden unabdingbare Voraussetzung.

Reagieren auf Veränderung mehr als das Befolgen eines Plans

Pläne sind wichtig und die Vorstellung, dass agile Vorgehensweisen, wie beispielsweise Scrum, ohne Pläne auskommen würden, ist absurd. Man könnte sogar sagen, dass bei agilen Techniken weit mehr geplant wird. Hauptunterschied ist, dass Planung in agilem Umfeld nicht primär zu (oder vor) Projektbeginn stattfindet, sondern laufend und dies immer mit einem «Just in Time»-Approach. Es macht keinen Sinn, auf Monate und Jahre hinaus detaillierte Pläne zu erstellen, wenn man das Feedback des Kunden und das Reagieren darauf als Grundlage für die Ermöglichung einer maximal wertschöpfenden Entwicklung begreift.

Zwölf Prinzipien des Agilen Manifests

Erstes Prinzip: «Unsere höchste Priorität ist es, den Kunden durch frühe und kontinuierliche Auslieferung wertvoller Software zufriedenzustellen.»

Die Zufriedenheit des Kunden ist unsere höchste Priorität. Durch wertbasierte Priorisierung in Kombination mit der Auslieferung umgesetzter Lösungsteile schon während des Entwicklungsprozesses schaffen wir nicht nur frühzeitig die Möglichkeit für ein tiefer greifendes Kundenfeedback, sondern tragen auch dabei, dass der Kunde, wenn möglich, schon vor Projektabschluss Nutzen realisieren kann.

Zweites Prinzip: «Heiße Anforderungsänderungen selbst spät in der Entwicklung willkommen. Agile Prozesse nutzen Veränderungen zum Wettbewerbsvorteil des Kunden.»

Während in komplett durchgeplanten Projekten jede Änderung eine Störung bedeutet, welche womöglich dazu führt, dass Wochen und Monate intensiver Planungs- und Koordinationsarbeit neu erstellt werden müssen, sind neue und angepasste Anforderungen in agiler Entwicklung nicht nur von vornherein mit eingeplant, sondern auch bewusst gewollt. Während der Entwicklung eines Produktes lernt sowohl der Auftraggeber als auch der Auftragnehmer laufend mehr über das zu entwickelnde Produkt. Die Resultate dieses Lernprozesses sollen nicht erst in einem möglichen Folgeprojekt oder mittels späterer Anpassung (nach Auslieferung) realisiert werden, sondern so früh wie möglich in die Entwicklung einfließen. Das kann heißen, dass bereits vorgesehene Funktionalität angepasst oder sogar weggelassen werden muss oder dass vollkommen neue Anforderungen plötzlich höchste Priorität genießen. Nur so sind wir in der Lage, unserem Kunden baldmöglichst einen größtmöglichen Nutzen zu ermöglichen.

Drittes Prinzip: «Liefere funktionierende Software regelmäßig innerhalb weniger Wochen oder Monate und bevorzuge dabei die kürzere Zeitspanne.»

Agile Entwicklung geschieht als gemeinschaftliche Leistung von Auftragnehmer und Auftraggeber. Während der Auftragnehmer seine Entwicklungsressourcen einbringt, bringt der Auftraggeber sein fachliches Know-how und seine Kenntnis der existierenden oder künftig gewünschten Prozesse ein. Diese gemeinsame Entwicklung kann dann besonders erfolgreich sein, wenn eine häufige und fundierte Kommunikation stattfindet. Diese wird durch häufige Auslieferung und das daraus entstehende Feedback gefördert. Sie gibt dem Entwickler die Möglichkeit, sicherzustellen, dass sich sein Produkt in die richtige Richtung entwickelt, und bietet dem Auftraggeber die Zuversicht, dass das erstellte Produkt seinen Anforderungen entspricht.

Viertes Prinzip: «Fachexperten und Entwickler müssen während des Projektes täglich zusammenarbeiten.»

Agile Software-Entwicklung ist vom laufenden Austausch von Fachexperten und Entwicklern geprägt. Dieser beschränkt sich nicht auf den Projektbeginn in der Anforderungsdefinition und zu Projektende in der Lösungsabnahme, wie das bei herkömmlichem Projektvorgehen oft der Fall ist. Die Zusammenarbeit findet laufend statt, sei es bei der Definition von Anforderungen und den entsprechenden Akzeptanzkriterien oder dann im Feedback bei

Iterationsende. Auch dazwischen ist die Einbindung zur Klärung von Fragen und Anforderungen wichtig.

Fünftes Prinzip: «Errichte Projekte rund um motivierte Individuen. Gib ihnen das Umfeld und die Unterstützung, die sie benötigen, und vertraue darauf, dass sie die Aufgabe erledigen.»

Agile Software-Entwicklung kann nicht erfolgreich sein, wenn sie von unmotivierten Menschen durchgeführt wird, welche Anforderungslisten abarbeiten. Vielmehr ist wichtig, dass die Entwickler einen Sinn und Nutzen in ihrer Arbeit sehen und den Wunsch haben, etwas Nützliches zu produzieren. Nur so kann auch sichergestellt werden, dass optimaler Kundennutzen realisiert wird.

Sechstes Prinzip: «Die effizienteste und effektivste Methode, Informationen an und innerhalb eines Entwicklungsteams zu übermitteln, ist im Gespräch von Angesicht zu Angesicht.»

Kennen Sie die Unsitte, innerhalb von Teams durch E-Mails mit dem ganzen Team als Verteiler zu kommunizieren? Jeder liest mit und jeder hat die Vorstellung, dass er selbst eigentlich nicht gemeint sei. Die Kommunikationswissenschaften haben längst belegt, dass der reine Wortlaut nur einen minimalen Teil der Gesamtkommunikation ausmacht. Mimik/ Gestik, aber auch Betonung tragen einen weit größeren Teil zur Kommunikation und Verständigung bei. Kommunikation von Angesicht zu Angesicht bietet viele Vorteile: Nutzen aller Sinne in der Kommunikation (Wie hat er/sie das gemeint?), die Möglichkeit, direkt zurückzufragen, Informationen kommen beim richtigen Adressaten an …

Siebtes Prinzip: «Funktionierende Software ist das wichtigste Fortschrittsmaß.»

Eine zu 99 % realisierte Lösung ist immer noch nicht fertig und wahrscheinlich auch so nicht nutzbar. Ohne tiefgreifende Analyse ist es kaum möglich, zu sagen, ob Software nun zu 90 % oder 70 % umgesetzt sei – und selbst wenn. Welchen Nutzen – man könnte auch fragen, «welchen Wert» – hat diese Lösung für den Kunden? Nur fertiggestellte, funktionierende Software bietet den angestrebten Nutzen. Was am Ende einer Iteration nicht den Anforderungen an die fertiggestellte Software (Akzeptanzkriterien, Definition of «Done») entspricht, fällt zurück in den Arbeitsvorrat (Product Backlog) und kann in einer späteren Iteration umgesetzt werden.

Achtes Prinzip: «Agile Prozesse fördern nachhaltige Entwicklung. Die Auftraggeber, Entwickler und Benutzer sollten ein gleichmäßiges Tempo auf unbegrenzte Zeit halten können.»

Software-Entwicklung findet gerade vor Abgabeterminen oft am Limit körperlicher und geistiger Belastungsgrenzen der Entwickler statt. Das kann nicht nur zu gesundheitlichen Einschränkungen führen, sondern ist oft auch Fehlerursache und erklärt mangelnde Mitarbeitermotivation. Wenn das Entwicklerteam in einem gleichmäßigen Tempo arbeiten kann, hat dies nicht nur einen positiven Einfluss auf die langfristige Mitarbeiterzufriedenheit und -leistungsbereitschaft, sondern auch auf die Qualität der erstellten Produkte.

Neuntes Prinzip: «Ständiges Augenmerk auf technische Exzellenz und gutes Design fördert Agilität.»

Der Verzicht auf ausgedehntes Design vor Umsetzungsbeginn bedeutet nicht, dass kein Wert auf solides Softwaredesign und hohe Qualität gelegt wird. Anders als bei herkömmlichen Herangehensweisen entwickelt sich beides nur im Verlauf der Entwicklung mit den Anforderungen. Dies muss von Anfang an mitberücksichtigt werden. Nur so kann sichergestellt werden, dass es durch Beschränkungen der gewählten Software-Architektur im Verlauf des Projektes zu Sachzwängen kommt, die ein Umsetzen von Kundenfeedback erschweren oder gar verunmöglichen.

Zehntes Prinzip: «Einfachheit – die Kunst, die Menge nicht getaner Arbeit zu maximieren – ist essenziell.»

Ziel agiler Software-Entwicklung ist nicht die Entwicklung eines möglichst großen Funktionsumfanges innerhalb geringer Zeit oder Kosten. Zentrales Ziel ist es vielmehr, mit möglichst geringem Entwicklungsaufwand und möglichst wenig entwickelter Software eine möglichst große Wertschöpfung für den Kunden zu erreichen. Dies ist nur dann zu erzielen, wenn eine klare Vorstellung besteht, welche Anforderungen welche Wertschöpfung für das Unternehmen ergeben. Darauf basierend werden Anforderungen priorisiert und dementsprechend umgesetzt (oder nicht).

Elftes Prinzip: «Die besten Architekturen, Anforderungen und Entwürfe entstehen durch selbst organisierte Teams.»

Wenn ein erfahrenes Team von Entwicklern zusammenkommt, kann davon ausgegangen werden, dass diese gemeinsam ein höheres Maß an Erfahrung und Kenntnissen haben, als dies ein Einzelner hat. Es ist entsprechend sinnvoll, diesem Team die notwendige Freiheit zu geben für sein Entwicklungsprojekt, d. h., eine möglichst große Freiheit in Bezug auf die Vorgehensweise und den Aufbau der Umsetzung, soweit dies den Nutzen für den Kunden unterstützt oder optimiert.

Zwölftes Prinzip: «In regelmäßigen Abständen reflektiert das Team, wie es effektiver werden kann, und passt sein Verhalten entsprechend an.»

Kontinuierliche Verbesserung ist zentrales Anliegen agiler Software-Entwicklung. Dies betrifft nicht nur das erstellte Produkt, sondern auch die Arbeitsweise und Zusammenarbeit des Teams. Entsprechend wichtig ist es, dass sich das Team regelmäßig mit dem Entwicklungsprozess und der Kooperation im Team auseinandersetzt und gemeinsam nach Wegen sucht, sich zu verbessern. Das kommt sowohl dem Team selbst als auch den vom Team erbrachten Leistungen zugute.

Empirische Prozesssteuerung

Scrum ist ein Framework, das auf empirischer Prozesssteuerung basiert. Das ist eine Aussage, welche sich so in dem Scrum-Guide nachlesen lässt und der eine oder andere Scrum-Master weiß auch zu erzählen, dass eine Frage nach der Art der Prozesssteuerung auch Teil seiner Prüfung war. Doch was meint dieser Begriff "empirisch" eigentlich? Es geht dabei darum, dass wir einen Ansatz oder eine Vorgehensweise haben, welche sich an der Erfahrung orientiert. Es geht also nicht um abstraktes Wissen – wie beispielsweise in Mathematik oder Physik, welche auf Gesetzmäßigkeiten basiert – sondern auf Wissen, welches auf Erfahrungswerten beruht. Medizin ist beispielsweise eine empirische Wissenschaft. Was wir dort inzwischen als Wissen akzeptiert haben, basiert oft auf tausenden von Beobachtungen und Forschungen und selbst das trifft nicht immer zu. Medikamente haben oft Nebenwirkungen, welche in einer geringen Zahl von Fällen auftreten. Ebenso empirisch soll nun also die Prozess-Steuerung von Scrum sein? Wer sich mit diesem Framework auseinandergesetzt hat, kennt womöglich das Begriffspaar "Inspect / Adapt". Es bildet gemeinsam mit dem Begriff "Transparenz" die drei Säulen von Scrum, also das Fundament der Vorgehensweise.

Scrum wurde basierend auf der Beobachtung aufgebaut, dass Entwicklung und Lernen am erfolgreichsten durch gemachte Erfahrungen und die Reaktion darauf erfolgt. Diese Erfahrungen sind es, welche als Voraussetzung zunächst die Möglichkeit haben, Dinge wahrzunehmen; dafür ist Transparenz eine Grundbedingung. Wird eine Situation dann wahrgenommen, so gilt es diese Wahrnehmung auch zu bewerten und in den richtigen Kontext zu stellen (Inspect), um daraus dann entsprechenden Anpassungsbedarf (Adapt) abzuleiten und in Angriff zu nehmen. Diese Vorgehensweise ist nichts Einmaliges, sondern sozusagen der Qualitätsregelkreis (Vergleichbar mit PDCA o.ä.) von Scrum. Sie betrifft sowohl das Produkt wie auch den Entwicklungsprozess an sich.

Die verschiedenen Rollen in Scrum setzen diese Art der Prozesssteuerung im Rahmen ihrer Tätigkeit um. Wenn wir hier die klassischen drei Gesichtspunkte Produkt (Product Owner), Prozess (Scrum-Master) und Entwicklung unterscheiden, so hat die empirische Prozesssteuerung einen erheblichen Einfluss auf diese drei Betrachtungsebenen.

Das Produkt

Der Product Owner arbeitet (in Zusammenarbeit mit Stakeholdern) eine Produktvision heraus; eine Vorstellung der Situation, welche durch die aktuelle Entwicklung erreicht werden soll. Darauf basierend werden im Verlauf des Projektes Anforderungen formuliert, in Gesprächen mit den Beteiligten (Stakeholder, Entwicklerteam) verifiziert und ggf. angepasst. Anders als in klassischer "Wasserfall-Vorgehensweise" gehen wir hier nicht von einer festgeschriebenen Anforderungsliste (Lastenheft) aus, sondern von sich entwickelnden Anforderungen. Diese Anforderungen entstehen durch die Erfahrungen, welche die Beteiligten im Verlauf der Entwicklung machen. Das, was erreicht wird, wird dargestellt, z. B. das Produktinkrement im Rahmen des Sprint Reviews (Transparenz); es wird durch die Beteiligten evaluiert und erhält Feedback (Inspection), welches wiederum dazu führt, dass der Product Owner die bestehende Produktvision überprüft, ggf. neue Anforderungen in den Product Backlog übernimmt und bestehende womöglich anpasst (Adaptation). Neben diesem durch das Feedback der Stakeholder gesteuerten Regelkreis besteht in Scrum auch ein zweiter, welcher seinen Ausdruck insbesondere im Rahmen der Arbeit am Produkt Backlog zwischen Product Owner und Entwicklerteam findet. Hier werden oft vom Product Owner oder von den von ihm berechtigten Personen formulierte Anforderungen besprochen. Die Bearbeitung von Anforderungen beginnt damit, dass der Product Owner die Informationen zu einer Anforderung offenlegt und mögliche Fragen des Entwicklerteams klärt (Transparenz). Das Entwicklerteam überprüft nun die Anforderungen in Bezug auf Machbarkeit, Größe (sollte eine Anforderung ggf. aufgeteilt werden) und das Vorliegen aller benötigten Informationen für eine Umsetzung (Inspection). Dies ist eine Voraussetzung für eine Komplexitätsschätzung der Anforderung und je nach Feedback des Teams (Umsetzungsmöglichkeit, Größe, Komplexität) kann sich der Product Owner veranlasst sehen, den Backlog anzupassen (Priorisierung, Anforderung Splitting, ggf. Anpassung Releaseplanung).

Der Prozess

Auch wenn alle Rollen in gleich wichtiger Weise am Scrum-Prozess beteiligt sind, so liegt doch besonders der Fokus des Scrum-Masters darauf, den Scrum-Prozess und seine Regeln zu implementieren, seine Umsetzung im Auge zu behalten und eine kontinuierliche Verbesserung der Prozesse im Auge zu behalten. Hier ist die Anwendung des genannten Regelkreises von Transparenz / Inspection und Adaptation offensichtlich. Ein guter Scrum- Master wird dies in Bezug auf die Umsetzung von Scrum durch sein Team, wie auch seine eigene Tätigkeit und die Entwicklung der Organisation, welche Scrum einsetzt, tun.

Entwicklungsteam

Das Entwicklungsteam plant bei Beginn eines Entwicklungszyklus (Sprint) den Umfang seiner Tätigkeit für die nächsten Wochen (ein Sprint dauert max. 4 Wochen/ 1 Monat). Dabei geht es soweit möglich von Erfahrungswerten in Bezug auf seine Leistungsfähigkeit aus (Velocity) und gibt im Rahmen des Meetings ein Commitment in Bezug auf die übernommene Arbeit ab. Dieses Commitment besagt, dass das

Entwicklungsteam verspricht, vollen Einsatz zu bringen, um die übernommenen Arbeiten auch umzusetzen. Leider wird dies von außen oft im Sinne einer Garantie falsch verstanden. Kunde und Product Owner sind der Meinung, sie könnten fest mit der Umsetzung der committeten Anforderungen rechnen. Ken Schwaber schreibt zu Recht in seinem Blogeintrag "Empiricism, the act of making decisions based on what is",[2] dass es sich dabei um ein Überbleibsel alten Wasserfall-Denkens handelt – so die Tatsache, dass, wenn ein Eintrag in der Liste steht, das quasi ein Vertrag war. Diese Vorstellung ist immer noch in den Köpfen von Kunden, Product Ownern, aber auch von Entwicklern und sie führt dazu, dass Teams, um alle Aufgaben abzuschließen, oft an der Qualität sparen und technische Schulden anhäufen. Ein solches Vorgehen fußt auf sehr kurzfristigem Denken und widerspricht agilem Denken fundamental. Tatsächlich ist es vollkommen natürlich, dass ein Team nicht immer alle Anforderungen Im Rahmen eines Sprints umsetzen kann. Die Gründe können vielfältig sein: Ausfall von Ressourcen, zusätzliche, nachträglich erst erkannte Komplexität, Probleme im Rahmen von Technik und Umsystemen, ungenaue Schätzungen, ggf. Wartezeiten auf externen Input von Kunden oder Product Owner u.v.a. Auch hier sollte der "Agile Regelkreis" von Transparenz, Überprüfung und Anpassung zum Einsatz kommen. Reife Teams machen solche Abweichungen transparent und verifizieren (z.B. im Rahmen von Retrospektiven) Gründe, denen sie dann mit entsprechenden Maßnahmen zu begegnen suchen. Wichtig ist dabei der Einsatz eines weiteren agilen Prinzips, dem Einsatz von Experimenten. Es werden alternative Vorgehensweisen versucht, evaluiert und im positiven Fall integriert, im Negativen wird durch neue Experimente nach besseren Alternativen gesucht. Dieses

---

[2] https://kenschwaber.wordpress.com/2011/05/03/empiricism-the-act-of-making-decisions-based-on-what-is/

Vorgehen beschreibt das Lernen der Organisation und des Teams und ist grundlegend für eine Weiterentwicklung.

Werte von Scrum

Fragt man nach den Events von Scrum, den Rollen oder den Artefakten, so wird man von Menschen mit Scrum-Ausbildung unweigerlich die richtigen Begriffe hören. Fragt man nach den Werten von Scrum, so ist die Wahrscheinlichkeit erheblich geringer. Es scheint so, als würden sie eine Nebenrolle im Scrum-Framework spielen, als wären sie nur irgendwelches philosophisches Beiwerk, was die Autoren des Frameworks zur Abrundung festgehalten hätten. Dabei könnte nichts weiter von der Wahrheit entfernt sein. Die Werte von Scrum sind nicht nur "das Herz von Scrum" – ob die Anwender sie verstanden haben und als Leitlinie ihrer Tätigkeit mit Scrum einsetzen, macht den Unterschied zwischen den Spielern von "Scrum-Theater", also den Menschen, die zwar allen Regeln genügen, dabei aber weder den Grund verstanden haben noch den wirklichen Nutzen aus ihrem Handeln zu ziehen vermögen, und reifen Anwendern von Scrum, welche durch das Leben der Werte von Scrum den Nutzen für ihre Kunden täglich steigern.

Woraus ergibt sich nun also diese große Bedeutung der Werte von Scrum? Anders als viele Projektmanagement-Methoden ist Scrum als Framework konzipiert. Das bedeutet, dass das zentrale Werk von Scrum, der "Scrum-Guide", nicht als eine Art Nachschlagewerk für alle Fälle konzipiert wurde, sondern dass es notwendig ist, das in dem Guide genannte Framework im Einsatz in den Kontext der Aufgabe, der Projektumgebung und des Teams zu stellen. Der Scrum-Guide enthält weder Entwicklungsmethoden noch Anweisungen zum Umgang mit dem Projektbudget oder dem Release von Lösungen. All diese Themen, und noch viele weitere, können aber trotzdem in einem Projekt nicht einfach ignoriert werden. Vielmehr ist es notwendig, die Herausforderungen im Geiste von Scrum anzugehen und zu lösen. Um dies zu können, ist aber ein tief greifendes Verständnis dessen notwendig, was Scrum ausmacht – die Werte von Scrum:

Engagement (Commitment)

Der Wert "Engagement" wird oft direkt mit dem Entwicklerteam assoziiert, welches ein Commitment auf das Sprint-Ziel (fälschlicherweise wird das oft mit den einzelnen Product Backlog Items oder deren Summe gleichgesetzt) abgibt. Natürlich ist dies einerseits eine sehr vereinfachte Sicht, weil es quasi unterstellt, dass die anderen beiden beteiligten Rollen weniger oder kein Commitment eingehen würden, andererseits wird der Begriff Commitment, wie bereits in einem früheren Abschnitt dargestellt, oft fälschlich als eine Art "Vertrag" verstanden.

Wenn wir Engagement, oder eben Commitment, nun im Scrum-Gesamtkontext wahrnehmen, so lässt sich sagen: Wir verpflichten uns zum Team, zur Qualität. Es geht um die Verpflichtung zur Zusammenarbeit, zur Weiterentwicklung als Team wie auch als Mitglied des Teams. Die Mitglieder des Scrum-Teams verpflichten sich, jeden Tag das Beste zu geben, was sie können. Dies umfasst die Arbeit zur Erreichung des Sprint-Zieles, die Verpflichtung zu Qualität und stetiger Verbesserung, aber auch die Verpflichtung zum Arbeiten nach den Regeln und Rahmenbedingungen von Scrum mit seinen Grundlagen wie Transparenz, Überprüfung und Anpassung. Man könnte sagen, dieses Engagement ziele darauf ab, sich nicht mit dem Status Quo zufriedenzugeben, sondern stets nach Verbesserungen zu suchen, sei es in Bezug auf das Produkt, die Zusammenarbeit im Team oder auch diejenige über das Team hinaus.

Fokus

Gerald M. Weinberg hat mit seiner Arbeit in großartiger Weise dargestellt, welch enorme Kosten es verursacht, wenn sich Menschen oder Teams verzetteln. Zunächst und am offensichtlichsten betrifft das den Einsatz von Mitarbeitern, die oft in unterschiedlichsten Teams und Projektgruppen involviert sind und deren Produktivität und Leistungsfähigkeit (und oft auch Motivation und Commitment zum einzelnen Projekt) dadurch erheblich reduziert wird. Daneben ist aber auch ein weiterer Aspekt von großer Bedeutung. Die Tatsache, dass unsere Entwicklung in einem iterativ-inkrementellen Prozess abläuft, erlaubt es dem Team, sich in dieser Zeit sehr stark auf den aktuellen Entwicklungsgegenstand zu konzentrieren. Wenn verstanden wurde, dass sich am Ende des Sprints, basierend auf Feedback und während der Entwicklung gemachten Erfahrungen, Gegebenheiten anpassen können, fällt es leichter, seine Aufmerksamkeit und Kraft auf das zu konzentrieren, was jetzt zu erledigen ist, und dabei nicht das Mögliche, sondern das Sinnvolle in den Vordergrund zu stellen und sich darauf zu konzentrieren, Anforderungen so umzusetzen, dass sie den Nutzenanforderungen des/r Kunden entspricht.

28

Offenheit

Der Empirismus von Scrum erfordert Transparenz, Offenheit. Dieser Aspekt der Offenheit bezieht sich auf die Art der Kommunikation zwischen allen Beteiligten (was eng mit dem Wert "Respekt" verbunden ist). Es erfordert auch die Bereitschaft, unterschiedliche Sichtweisen gelten zu lassen und wahrzunehmen und voneinander zu lernen. Wir sind offen für die Zusammenarbeit mit Stakeholdern und der Umwelt. Öffnen Sie sich, um Feedback zu teilen und voneinander zu lernen. Wir sind uns bewusst, dass wir uns in einer sich verändernden Welt bewegen, wo sich Anforderungen verändern werden und wir uns mit unvorhersehbaren, unerwarteten Situationen auseinandersetzen müssen. Diese Geisteshaltung ist von zentraler Bedeutung, um als Team für unseren Kunden optimalen Nutzen zu realisieren.

Respekt

Wir zeigen Respekt vor den Menschen, ihrer Erfahrung und ihrem persönlichen Hintergrund. Dieser Respekt äußert sich in unserer Kommunikation innerhalb des Teams, aber auch darüber hinaus. Der Respekt zeigt sich auch daran, dass das Team sein Möglichstes tut, um die Probleme und Anforderungen der Benutzer zu lösen und ihnen maximalen Wert zur Verfügung zu stellen. Wir respektieren das Scrum-Framework. Wir respektieren unsere Umwelt und verstehen uns als Teil eines größeren Ganzen.

Mut

Eine Vorgehensweise, welche Dinge entwickelt, noch bevor alle Details beschrieben sind, braucht Mut. Es bedeutet mit einem möglichen Scheitern und Fehlern umzugehen und sich von Rückschlägen nicht aufhalten zu lassen. Das stetige Commitment zur Weiterentwicklung von Produkt, Prozess und Zusammenarbeit bedeutet die Notwendigkeit, neue Herangehensweisen zu versuchen; Experimente zu machen. Dabei ist es selbstverständlich, dass Experimente immer auch die Möglichkeit von Fehlern oder gar vom Scheitern einschließen. Als Team und Organisation verstehen wir dies als Voraussetzung für eine Weiterentwicklung. Nicht zu unterschätzen ist der Mut, den es Menschen kosten kann, selbst Verantwortung zu übernehmen und Entscheidungen zu treffen. Zugleich aber auch erfordert es Mut, Verantwortung zu übergeben und nicht alle Entscheidungen selbst zu treffen. Dazu müssen gemeinsam Rahmenbedingungen geschaffen werden, welche stabil genug sind, auch mit Fehlern und Misserfolgen umzugehen. Nur so besteht eine Grundlage dafür, neue Herangehensweisen und Verantwortungen zu nutzen.

Rollen in Scrum

Scrum ist ein Framework, in dem Menschen komplexe Probleme angehen und Produkte mit dem höchstmöglichen Wert produktiv und kreativ entwickeln können. Es ist das am weitesten verbreitete, agile Framework.

Innerhalb von Scrum erledigen selbst organisierende, funktionsübergreifende und hochproduktive Teams die Arbeit: Sie schaffen wertvolle, releasebare Produktinkremente. Scrum bietet ein Framework, das das Lernen der Teams durch Entdeckung, Zusammenarbeit und Experimentieren unterstützt.

Ein großartiges Scrum-Team besteht aus einem Product Owner, der den Wert maximiert, einem Scrum-Master, der kontinuierliche Verbesserungen ermöglicht, und einem Entwicklungsteam, das sich auf die Lieferung qualitativ hochwertiger Produkte konzentriert.

Der Product Owner

Der Product Owner ist dafür verantwortlich, den Wert des Produkts und die Arbeit des Entwicklungsteams zu maximieren. Es ist eine Ein-Personen-Rolle (ein Product Owner pro Produkt), die die Kundenperspektive des Produkts zum Scrum-Team bringt. Er kann sich von Gruppen oder Einzelpersonen beraten lassen, trifft aber selbst finale Entscheidungen in Bezug auf das Produkt.

Der Product Owner ist verantwortlich für:

- Entwicklung und Aufrechterhaltung einer Produktvision und Marktstrategie
- Das Produkt-Management
- Erstellung, Verwaltung und Priorisierung des Product Backlogs;

- Einbeziehung von Stakeholdern (inkl. Stakeholder-Management) und Endbenutzern in die Verfeinerung des Product Backlogs;
- Zusammenarbeit mit den Product Ownern anderer Produkte, wenn es Abhängigkeiten zwischen den jeweiligen Produkten gibt
- Zusammenarbeit mit dem Entwicklungsteam (Refinement, Fragen des Teams klären)
- Sicherstellen, dass nur umgesetzte Product Backlog Items ins Increment kommen, welche der Definition of Done entsprechen.

Der Scrum-Master

Laut Scrum-Guide ist der Scrum-Master dafür verantwortlich, dass Scrum verstanden und umgesetzt wird. Scrum-Meister tun dies, indem sie sicherstellen, dass das Scrum-Team die Scrum-Theorie, -Praktiken und -Regeln einhält. Die Rolle des Scrum-Masters wird auch mit "Servant Leader" charakterisiert. Der Scrum-Master hilft Personen außerhalb des Scrum-Teams, zu verstehen, welche ihrer Interaktionen mit dem Scrum-Team hilfreich sind und welche nicht, und unterstützt dabei, die Zusammenarbeit zu optimieren.

Die Rolle eines Scrum-Masters zeichnet sich durch eine große Vielfalt an verschiedenen Aufgaben und Verantwortungen aus. Ein großartiger Scrum-Master kennt sie und weiß, wann und wie er sie anwenden muss, je nach Situation und Kontext. Alles mit dem Ziel, den Menschen zu helfen, das Scrum-Framework besser zu verstehen und anzuwenden. Ein guter Scrum-Master versteht, dass seine Aufgabe darin besteht, sein Team zu unterstützen und weiterzuentwickeln. Er unterstützt das Team bei seiner Entscheidungsfindung und trägt dessen Entscheidung, wenn sie einmal getroffen wurde, mit.

Der Scrum-Master fungiert als:

- Servant Leader, dessen Fokus auf den Bedürfnissen der Teammitglieder und derjenigen liegt, denen sie dienen (dem Kunden), mit dem Ziel, Ergebnisse zu erzielen, die den Werten, Prinzipien und Geschäftszielen der Organisation entsprechen.
- Moderator, der Zusammenarbeit und Kommunikation ermöglicht und unterstützt.
- Konflikt-Berater zur Behandlung unproduktiver Einstellungen und dysfunktionaler Verhaltensweisen.
- Coach, der sowohl den Einzelnen wie auch das Team in seiner Weiterentwicklung unterstützt und den Aufbau einer positiven Team-Kultur ermöglicht.
- Mentor, der agiles Wissen und Erfahrungen an das Team weitergibt;
- Lehrer, um sicherzustellen, dass Scrum und andere relevante Methoden verstanden und umgesetzt werden.
- Manager, der Hindernisse beseitigt und den Prozess optimiert

Das Entwicklungsteam

Das Entwicklungsteam besteht aus Fachleuten, die am Ende jedes Sprints ein potenziell releasebares Inkrement von "Done"-Produkten erstellen. Das Entwicklungsteam ist funktionsübergreifend und selbst organisiert. Es übernimmt die Verantwortung für die Entwicklung des Produktes und entscheidet über Vorgehensweise und Zusammenarbeit selbst. Diese Verantwortung wird vom Team als Ganzes wahrgenommen. Eine weitere Verteilung auf die einzelnen Teammitglieder oder Unterteams ist nicht vorgesehen.

Entwicklungsteams haben folgende Eigenschaften:

- Selbst organisierend. Sie entscheiden, wie Product Backlog Items in funktionierende Lösungen umgewandelt werden sollen.
- Funktionsübergreifend. Insgesamt verfügen sie über alle erforderlichen Fähigkeiten, um das Produkt Increment zu erstellen.
- Keine Titel. Jeder ist ein Entwickler, niemand hat einen speziellen Titel. Dies bedeutet nicht, dass nicht trotzdem verschiedene Entwickler unterschiedliche Kernkompetenzen und Fähigkeiten hätten.
- Engagement für das Erreichen des Sprint-Ziels und die Bereitstellung eines qualitativ hochwertigen Inkrements zeichnen das Team als Ganzes aus.

Scrum-Events

Die Scrum-Events werden unter anderem dadurch charakterisiert, dass sie der inkrement-iterativen Entwicklung eine Struktur geben, was durch die Tatsache, dass sie alle eine Timebox haben, zusätzlich unterstützt wird. Eine Timebox ist die Definition einer maximalen Dauer für das Event, was das Team dabei unterstützen soll, die Events fokussiert und zielgerichtet durchzuführen und sich auf das Wesentliche zu konzentrieren. Wenn wir nun einem Entwicklungszyklus folgen, so führen uns die Events durch den ganzen Entwicklungsprozess, der vom Scrum-Team durchgeführt wird.

Die Sprint-Planung

Die Sprint-Planung eröffnet den Sprint. Sie ist Teil des Sprints und ein Planungsevent, in dem alle drei Rollen von Scrum zusammenkommen, um den aktuellen Sprint zu planen. Wie jedes Event (und eigentlich auch sonst jede Sitzung) ist eine gute Vorbereitung der Beteiligten essenziell für den Erfolg und Nutzen des Meetings.

Die wichtigste Vorbereitung besteht darin, sicherzustellen, dass das Product Backlog mit Schätzungen und Akzeptanzkriterien auf einen angemessenen Detaillierungsgrad verfeinert wurde (dies ist der Zweck des Backlog Refinements). Als Nächstes sollte der Product Owner die Arbeit am Product Backlog vorbereitet haben und eine allgemeine Vorstellung eines Vorschlages für das Sprint-Ziel haben, das er dem Entwicklerteam vorschlagen kann. Die Optionen für die Aushandlung eines Ziels sollten auch bei der Verfeinerung berücksichtigt und in der Auftragsbestellung berücksichtigt werden. Außerdem sollte das Team eine Vorstellung von seiner Kapazität für diesen Sprint haben, d. h., wie viel Arbeit es sinnvollerweise übernimmt.

Ziel eines jeden Sprints ist es, durch die Realisierung von Anforderungen den Nutzen für den Kunden weiter zu optimieren. Die umgesetzten Anforderungen müssen dabei vollständig umgesetzt werden (Done sein), um Teil des Inkrements, der potenziell auslieferbaren Lösung, zu werden. Der Product Owner ist dafür verantwortlich, zu definieren, was „Wert" bedeutet, und ordnet (priorisiert) den Product Backlog so, dass der Wert vom Team Sprint für Sprint maximiert werden kann. Das Team muss daher zunächst planen, an welchen Elementen aus dem Product Backlog in diesem Sprint gearbeitet werden soll, damit am Ende der beste Wert erzielt werden kann. Dazu arbeitet das Entwicklerteam mit dem Product Owner zusammen, um die wertvollsten Elemente aus dem Product Backlog auszuwählen, die der geplanten Kapazität für den Sprint entsprechen. Um diese Arbeit durchzuführen, sollten die Product Backlog-Einträge vorgängig vom Entwicklerteam geschätzt worden sein.

Diese Auswahl von Arbeiten sollte zusammenhängend sein und nicht nur eine Gruppierung von nicht verwandten und unterschiedlichen Elementen. Zum Beispiel könnte bis zum Ende des Sprints ein kohärentes Merkmal geliefert worden sein, oder ein signifikantes Risiko wurde gemindert. Das Sprint-Ziel ist ein einfacher Ausdruck dieses Zwecks, der übergeordneten Bedeutung der Auswahl. Man könnte auch sagen, dass das Sprint-Ziel den Nutzen darstellt, der durch

36

die Arbeit des Teams während des Sprints für den Kunden realisiert werden soll.

Der Einsatz eines Sprint-Ziels unterstützt das Team dabei, seine Kräfte zu fokussieren und gemeinsam auf ein Ziel hinzuarbeiten, was eine andere Motivation vermitteln kann als das einfache Abarbeiten einer Liste. Daneben unterstützt es den Product Owner in der Kommunikation zu den Stakeholdern und unterstützt dabei, dafür zu sorgen, dass das Feedback des Kunden/ der Stakeholder im Rahmen des Sprint Reviews nutzbringender ist, weil dieser sich darunter mehr vorstellen kann, als wenn nur an verschiedensten Teilen der Lösung Details ergänzt werden. Im Wesentlichen kann man die Existenz eines Sprints auch als wichtiges Unterscheidungsmerkmal zu klassischem Wasserfall-Vorgehen verstehen. Es geht hier nicht darum, eine Anforderungsliste abzuarbeiten, sondern so früh wie möglich Nutzen zu erzielen, der idealerweise im Rahmen eines (Teil-) Releases auch schon tatsächlichen Kundennutzen realisiert.

Im Rahmen der Sprint-Planung wird das Sprint-Backlog erstellt. Ein Sprint-Backlog ist mehr als nur eine Auswahl von Arbeiten mit dem Ziel, ein Endziel zu erreichen. Es ist auch ein Plan, wie dieses Ziel erreicht wird und wie die damit verbundene Arbeit ausgeführt wird. Dazu werden vom Entwicklerteam im Allgemeinen die für die Umsetzung notwendigen Aufgaben (Task / Arbeitspakete) identifiziert. Das Sprint-Backlog ist somit ein Plan zur Erreichung des Sprint-Ziels und eine Prognose der zu erledigenden Arbeiten.

Der Product Owner muss für diesen Teil der Sprint-Planung nicht anwesend sein, da es Sache des Teams ist, diese Prognose auf technischer Ebene zu planen. Er sollte aber gerade in dieser wichtigen Phase für Fragen zur Verfügung stehen. In Fällen, wo im Verlauf des Sprints mit mehreren Releases gearbeitet wird, sollte dies vorgängig abgesprochen werden.

Fälschlicherweise glauben viele Scrum-Anwender, dass ein Release erst nach dem Sprint- Review erfolgen kann. Tatsächlich ist das ein Überbleibsel aus dem Wasserfalldenken, wo erst nach einer Freigabe ein Release erfolgen kann. Tatsächlich bedeutet das aber eine Fehlinterpretation des Sinnes eines Sprint-Reviews. Es geht dabei nicht um eine Produktfreigabe, sondern um ein Event zum Lernen und Weiterentwickeln. So ist es möglich, wenn dies entsprechend vereinbart ist, schon während des Sprints Releases durchzuführen – Ansätze wie Continuous Delivery sind absolut kompatibel mit Scrum. Im Review werden Ergebnisse und Erkenntnisse besprochen und es wird gemeinsam mit den Stakeholdern nach Möglichkeiten zur Verbesserung des Produktes gesprochen. Dazu kann es hilfreich sein, wenn im Sprint umgesetzte Funktionen schon in Betrieb genommen wurden und entsprechend tatsächliche Praxiserfahrungen vorliegen. Natürlich ist der Einsatz von Maßnahmen zu mehreren und frühzeitigen Releases während eines Sprints stark vom Produkt und der Organisation abhängig.

Bis zum Ende der Sprint-Planung sollte ein Team zuversichtlich sein, eine gute Prognose der Arbeit abgegeben zu haben, die zur Erreichung des Sprint-Ziels erforderlich ist. Diese Arbeit ist im Sprint-Backlog festgehalten. Dieser unterliegt vollständig der Verantwortung des

Entwicklerteams, welches auch als "Besitzer" dieses Artefakts gesehen wird. Basierend auf diesem Plan setzt das Entwicklerteam den Sprint um. Den Fortschritt zeichnet es dabei im Sprint Burndown Chart auf. Diese sehr einfache Darstellung unterstützt es in seiner Planung und unterstützt die Transparenz über den Sprint-Fortschritt.

Daily Scrum

Jedes Teammitglied wird das Scrum Task Board und den Sprint Burndown auf dem neuesten Stand halten, damit sich andere auf die Informationen verlassen können. Der Information Radiator[3] muss immer aktuell sein.

An jedem Arbeitstag zur gleichen Zeit wird sich das Entwicklungsteam treffen und planen, was sie tun werden, um sie dem Sprint-Ziel näherzubringen. Dieses Meeting wird als Daily Scrum bezeichnet und sollte niemals länger als 15 Minuten dauern.

Nur Mitglieder des Entwicklungsteams sollten teilnehmen, da der Arbeitsplan vollständig ihnen gehört[4]. Es ist eine zeitlich begrenzte

---

[3] Möglichst öffentlichkeitswirksame Mittel, um Informationen zum Status des Projekts zugänglich und transparent zu machen

[4] Oft ist hier fälschlicherweise das ganze Scrum-Team präsent. Während es durchaus okay ist, wenn die anderen Rollen anwesend sind, gehört das Meeting doch dem Entwicklerteam. Seine Mitglieder sind die einzigen mit einer aktiven (Sprech-) Rolle

Gelegenheit, das Sprint-Backlog aufgrund neuer Entdeckungen und Lehren aus dem Sprint neu zu planen. Im Rahmen dieses Meetings beantwortet jedes Teammitglied für sich die drei Fragen:

- Was habe ich getan, um das Team zu unterstützen, das Sprint-Ziel zu erreichen?
- Was habe ich heute vor, um das Team zu unterstützen, das Sprint-Ziel zu erreichen?
- Gibt es Hindernisse oder Probleme, welche mich bei meiner Arbeit behindern?

In manchen Scrum-Teams wird dieses Event so abgehalten, dass die Teilnehmer quasi Rechenschaft darüber abgeben müssen, was sie am vergangenen Tag gemacht haben. Dies entspricht nicht dem Gedankengut und den Werten von Scrum und ist auch nicht zielführend. Vielmehr geht es beim Daily Scrum um ein kurzes Koordinationsmeeting für das selbstorganisierte Entwicklerteam.

Wenn sich aus der Beantwortung der Fragen weitergehende Themen ergeben, welche es zu erörtern gilt, so können die davon Betroffenen Teammitglieder sich nach dem Daily Scrum zusammensetzen, um dies zu tun. Es ist nicht sinnvoll, wenn das ganze Team durch solche (oft nur für 2-3 Personen relevanten) Themen von der Arbeit abgehalten werden.

Bis zum Ende des Daily Scrum sollte das Team einen klaren Plan für die nächsten 24 Stunden haben und verstehen, wie es zusammenarbeiten muss, um dies zu erreichen. Es sollte auch eine Liste aller Hindernisse haben, die die Aufmerksamkeit des Scrum-Masters erfordern. Solche Hindernisse können dem Scrum-Master auch asynchron nach dem Daily Scrum mitgeteilt werden. Es ist also nicht notwendig, dass er sich ins Meeting setzt, um Hindernisse "mitschreiben" zu können.

Backlog Refinement

In Scrum ist die Verfeinerung des Product Backlog kein formelles Ereignis, sondern eine fortlaufende Aktivität – das Hinzufügen von Details, Bestellungen und Schätzungen zu Product Backlog-Elementen wie User Stories. Es liegt an den Scrum-Teams selbst, zu entscheiden, wie oft dies getan werden soll. Sinnvollerweise sollte diese Aktivität in den laufenden Prozess eingebaut werden.

Die Verfeinerung sollte während eines Sprints nicht mehr als 10 % der Gesamtzeit eines Teams in Anspruch nehmen. Viele Teams setzen die Arbeiten täglich um, was dann täglich einen Aufwand zwischen einer halben und einer Stunde ausmacht. Andere organisieren ein bis zwei längere Meetings zur Bearbeitung des Backlogs.

Das Backlog Refinement steht im Kontext der Scrum-Forderung, dass immer eine ausreichende Zahl von "Ready" Backlog Items zur Verfügung stehen. Als "Ready" werden in Scrum Anforderungen definiert, welche bereit sind, um vom Entwicklungsteam umgesetzt zu werden. Am Refinement sollten das gesamte Team sowie der Product Owner teilnehmen.

Ein Refinement beginnt normalerweise damit, dass der Product Owner dem Team das aktuelle Product Backlog vorstellt. Das Team beginnt oben im Product Backlog und arbeitet sich nach unten, wobei jedes Element nacheinander verfeinert wird. Es wird jede einzelne Anforderung untersuchen und seinen Umfang sowie die Akzeptanzkriterien erörtern, die für seine Fertigstellung erforderlich sind. Dabei werden die Product Backlog Items geschätzt. Die Methode "Planning Poker" hat sich dabei als die effektivste und effizienteste erwiesen. Abhängig von Schätzungen kann sich auch die Erkenntnis ergeben, dass gewisse Anforderungen in kleinere Einheiten unterteilt werden sollten.

Ist die vereinbarte Dauer für die Aktivität abgelaufen, wird die Sitzung abgebrochen und das Team setzt diese beim nächsten Backlog Refinement fort. Anforderungen können im Verlauf mehrfach besprochen und geschätzt werden, wenn sich neue Gesichtspunkte ergeben.

Am Ende des Sprints werden zwei weitere Events durchgeführt. Das erste, das Sprint- Review, hat dabei das Produkt und seine stetige Verbesserung als Thema, wohingegen das Sprint Review sich auf die Verbesserung von Prozess und Zusammenarbeit im Scrum- Team, sowie auf die Optimierung der Rahmenbedingungen konzentriert.

Sprint-Review

Während des Sprints hat das Entwicklerteam zusammengearbeitet, um das Sprint-Ziel zu erreichen. Die Arbeit wurde dabei in konstanter Geschwindigkeit durchgeführt. Der Einsatz von Überstunden und übermäßiger Druck (ob nun von aussen oder selbst gemacht) ist dabei nicht sinnvoll. Dies wirkt sich kurzfristig auf die Qualität der umgesetzten Arbeit und langfristig auf die Leistungsfähigkeit und Motivation des Teams aus.

In vielen Scrum-Teams wird das Sprint-Review hauptsächlich als ein Event wahrgenommen, wo das Entwicklerteam "Rechenschaft" über die realisierten Aufgaben abgeben soll. Dies wird oft als negativ empfunden und kann auch zu Ablehnung führen. Tatsächlich ist es wichtig, dieses Event anders zu erleben. Es ist eine Möglichkeit für das Team und seine Mitglieder, darzustellen, welch gute Leistung sie erbracht haben und wie sie dadurch für den Kunden Nutzen realisiert haben. Es ist wichtig, dieses Event für alle Beteiligten so wahrnehmbar zu machen und so daraus für alle Anwesenden eine Zusammenkunft zu gestalten, in der gemeinsam daran gearbeitet wird, eine immer bessere Lösung für den Kunden zu realisieren. Das Review soll eine Möglichkeit darstellen, ein "Wir-Gefühl" zu erzielen und das Vertrauen zu stärken.

Das Team sollte das Review und seine Präsentation ausreichend vorbereiten. Es muss genügend Zeit für eine Demonstration der durchgeführten Arbeiten eingeräumt werden. Zu diesem Zweck können Zeiten in einem Sprint-Backlog geplant werden, um sicherzustellen, dass die Überprüfung der geleisteten Arbeit und dem jetzt verfügbaren Wert gerecht wird.

Ein Sprint-Review ist eine Gelegenheit zum Prüfen (Inspect) und Anpassen (Adapt). Es ist ein guter Zeitpunkt für den Product Owner, um zu erklären, wie gut das Produkt funktioniert, um Feedback von eingeladenen Parteien aus erster Hand zu erhalten und um Lehren zu ziehen, die zur weiteren Verbesserung des Product Backlog verwendet werden könnten.

Sprint-Retrospektive

Die Sprint-Retrospektive ist, anders als das Sprint-Review, ein Scrum-Team-internes Meeting. Eine Retrospektive betrachtet den Prozess, den das Team verfolgt. Arbeiten sie so effektiv wie möglich? Im Allgemeinen ist es am besten, die Retrospektive unmittelbar nach dem Review abzuhalten, da sich auch aus dem Review neue Gesichtspunkte für die Retrospektive ergeben können. Das gesamte Entwicklungsteam, der Product Owner und der Scrum-Master müssen alle an der Retrospektive teilnehmen, da jeder gemeinsam für den Erfolg der Teamarbeit verantwortlich ist.

Es gibt auf dem Markt viele exzellente Bücher über Retrospektiven und auch zahlreiche Webseiten mit Tools und Methoden, wie dieser Prozess gemeinsam gestaltet werden kann. Der Scrum-Master agiert dabei als Facilitator, er muss aber verstehen, dass es bei dem Meeting nicht um ihn und seine Anliegen geht, sondern darum, das Team als

Ganzes zu stärken und weiterzuentwickeln. Entsprechend wichtig ist es, dass alle Anwesenden am Event in gleichem Maße wahrgenommen werden.

Einführung

Scrum ist ein einfaches Framework für die Erstellung von Produkten, basierend auf einem empirischen, gesteuerten Prozessmodell, bei dem Teams in kleinen Schritten Wert für den Kunden liefern, die Ergebnisse überprüfen und den Prozess basierend auf den durch Feedback gewonnenen Erkenntnissen optimieren. Es besteht aus Ereignissen, Rollen und Artefakten, die durch Praktiken miteinander verbunden sind und durch Werte getragen werden, die der Schlüssel zum Funktionieren sind.

Wenn mehrere Teams gemeinsam am selben Produkt arbeiten, so ergeben sich Abhängigkeiten und Interaktionen, welche im Rahmen des Scrum-Guide nicht geregelt sind. Der Nexus-Guide ist ein Ansatz, der diese Thematik regelt und das Prozess- und Rollen-Modell des Scrum-Guide entsprechend erweitert.

Nexus: Definition

Nexus wird auch als das Exoskelett von Scrum bezeichnet[5].

Nexus basiert auf dem Scrum-Framework und verwendet einen iterativen und inkrementellen Ansatz zur Skalierung der Software- und Produktentwicklung. Es ergänzt Scrum um eine neue Rolle und einige erweiterte Ereignisse und Artefakte. Der Ansatz ist so ausgelegt, dass bestehenden Elemente von Scrum möglichst wenig verändert werden müssen, sondern nur ergänzt werden.

Nexus ist auf ein Setting ausgelegt, bei dem mehrere Scrum-Teams zusammenarbeiten, um ein integriertes Inkrement zu erstellen. Dabei ist es auf eine Gruppe von drei bis neun Scrum-Teams fokussiert, welche gemeinsam an einem Product-Backlog arbeiten und gemeinsam integrierte Inkremente erstellen.

Nexus umfasst:

- Rollen
- Ereignisse
- Artefakte
- Regeln

---

[5] Ein Exoskelett (auch Außenskelett, von altgriechisch exo ‚außen' und skeletós ‚ausgetrockneter Körper', ‚Mumie') ist eine äußere Stützstruktur für einen Organismus.

47

Abhängigkeiten

Abhängigkeiten sind eines der wichtigsten Probleme, wenn mehrere Scrum-Teams zusammenarbeiten, um gemeinsam ein Produktinkrement zu erstellen. Abhängigkeit bezieht sich hierbei auf die folgenden Aspekte:

- Anforderungen: Der Umfang der Anforderungen kann sich überschneiden. Die Reihenfolge, in der diese Anforderungen implementiert werden, kann sich auch gegenseitig beeinflussen. Bei der Sortierung des Product-Backlogs und der Auswahl der Product-Backlog-Elemente im Sprint-Backlog sollte sichergestellt werden, dass solche Abhängigkeiten berücksichtigt werden.

- Domänenwissen: Die Teams sollten so aufgebaut werden, dass jedes Team das für seine Arbeit notwendige Wissen besitzt, um Unterbrechungen und Rückfragen während des Sprints zu minimieren.

Im Nexus-Framework werden drei Backlogs verwendet:

1. Product-Backlog (wie in Scrum)
2. Nexus-Sprint-Backlog (neu)
3. Individuelles Sprint-Backlog für Scrum-Teams (wie in Scrum)

Der Nexus-Sprint-Backlog

Der Nexus-Sprint-Backlog ist der Zusammenzug der einzelnen Sprint-Backlogs der im Nexus verbundenen Scrum-Teams. Er zeigt auf, welches Team an welchen Backlog-Items arbeitet. Dabei werden die wechselseitigen Abhängigkeiten offengelegt. Er soll die Teams dabei unterstützen, Abhängigkeiten und den Arbeitsfluss während des Sprints zu überblicken, und dient der Koordination der Arbeiten. Damit unterstützt er das gemeinsame Erreichen des Nexus-Sprint-Ziels.

Der Nexus-Sprint-Backlog wird (wie die einzelnen Sprint-Backlogs der Teams) mindestens täglich aktualisiert. Dies geschieht oft im Rahmen des Nexus Daily Scrum.

Das Nexus-Sprintziel

Anders als in Scrum, wo ein Entwicklerteam für einen Sprint ein Commitment auf ein gemeinsames Sprintziel des Teams abgibt, gilt es beim Einsatz von Nexus ein gemeinsames Nexus-Sprintziel festzulegen. Es beschreibt den Nutzen, den alle Scrum-Teams gemeinsam während des Sprints für den Kunden realisieren wollen.

Dieser wird während der Nexus Sprint-Planungssitzung besprochen und gemeinsam festgelegt und anschließend den einzelnen Scrum-Teams kommuniziert. Darauf basierende individuelle Sprintziele des oder der Scrum-Teams werden während der individuellen Scrum-Team-Sprintplanungssitzungen festgelegt.

Das Nexus-Sprintziel soll der Summe der Sprintziele der im Nexus verbundenen Teams entsprechen.

Der Product-Backlog aus Nexus-Sicht

Der Product-Backlog listet alle Features, Funktionen, Anforderungen, Verbesserungen und Korrekturen auf, die an einem Produkt vorgenommen werden müssen. Dabei liegt der Fokus der Darstellung auf Anforderungen, welche in Business-Sprache verfasst sind. Ein Product- Backlog ist dabei niemals vollständig. Es können jederzeit neue Anforderungen (Product- Backlog-Items) hinzukommen und bestehende modifiziert werden oder wegfallen. Dabei besitzt ein

Produkt stets nur einen Product-Backlog, auch wenn mehrere Teams daran arbeiten.

Der Product Owner ist für das Product-Backlog verantwortlich, einschließlich dessen Inhalt, Verfügbarkeit und Sortierung, basierend auf seiner Priorisierung.

Wenn mehrere Entwicklungsteams am selben Produkt in einem Nexus arbeiten, gilt:

- Die Teams können unterschiedliche Sprintlänge haben.
- Jedes Team hat einen Scrum-Master, dabei ist es denkbar (im Allgemeinen aber nicht empfohlen), dass eine Person die Scrum-Master-Rolle bei verschiedenen Teams wahrnimmt.
- Ein Produkt hat stets nur einen Product Owner.[6]
- Ein Produkt hat stets nur einen Product-Backlog.

Die Einträge eines Product-Backlogs entwickeln sich im Verlauf der Zeit. Sie können auch unterteilt oder in selteneren Fällen auch zusammengefügt werden, wenn dies sinnvoll ist. Der Product Owner ist dafür verantwortlich, sicherzustellen, dass die Darstellung der Anforderungen optimiert wird. Dazu führt er Gespräche mit Stakeholdern, um deren Bedürfnisse und den Nutzen, der mit den Anforderungen verbunden ist, zu verstehen, und er arbeitet mit den

---

[6] Manche skalierte Frameworks haben hier Ansätze mit mehreren Product Ownern und einem "Chef" Product Owner. In Nexus ist das nicht zulässig.

Entwicklungsteams daran, ein gemeinsames Verständnis für die Anforderungen zu entwickeln, welche es den Entwicklern ermöglicht, die Product-Backlog- Items umzusetzen. Im Rahmen der Backlog-Refinement-Meetings wird daran gearbeitet, Anforderungen "Ready" – also bereit zur Umsetzung – zu setzen.

Das integrierte Inkrement

Das integrierte Inkrement repräsentiert die Summe aller integrierten Arbeiten, die von einem Nexus ausgeführt werden. Das integrierte Inkrement eines Sprints muss zu Sprintende potentiell auslieferbar sein, was bedeutet, dass es der Definition of Done entsprechen muss. Das integrierte Inkrement wird beim Nexus-Sprint-Review überprüft.

Es ist wichtig, dass in jedem Sprint die fertiggestellten Produkte der einzelnen Teams ins Inkrement integriert werden, denn:

- Ohne aktuelles Inkrement ist der aktuelle Status der Entwicklung nicht klar ersichtlich und Probleme können womöglich erst sehr spät erkannt werden.
- Der Product Owner braucht ein Inkrement, was er bei Bedarf releasen kann.
- Die Transparenz ist nur gewährleistet, wenn Arbeitsresultate klar ersichtlich und in ihrem Zusammenspiel geprüft werden können.

Definition of Done

Wenn mehrere Scrum-Teams an einem Produkt arbeiten, ist ein gemeinsames Verständnis dafür notwendig, was Definition von "Fertig" bedeutet. Dabei hat jedes Scrum-Team, das an einem Produkt arbeitet, eine eigene Definition von "Done", die die Nexus-Definition von "Done" einschließt. D.h., jedes Scrum-Team hat eine eigene Definition of Done, welches der Definition of Done auf Nexus-Ebene entspricht und bei Bedarf eigene, zusätzliche Anforderungen enthalten kann, welche nicht mit den Bestimmungen auf Nexus-Ebene kollidieren dürfen.

Das Nexus-Integrationsteam ist für eine Definition von "Done" verantwortlich, die auf das bei jedem Sprint entwickelte integrierte Inkrement angewendet werden kann. Ziel ist es, dass bei Sprintende alle Teams ein Done-Inkrement haben, welches mit den Done-Inkrementen der anderen Teams zu einem gemeinsamen Done-Inkrement auf Nexus-Ebene integriert wird.

Das Inkrement ist nur dann "Done", wenn

- alle Team-Inkremente integriert sind
- das integrierte Inkrement "funktioniert"
- das integrierte Inkrement potenziell auslieferbar ist.

Die Definition of "Done" wird gemäß Scrum-Guide bei Bedarf idealerweise in der Sprint- Retrospektive überarbeitet. Im Nexus-

53

Kontext wird die Definition of "Done" bei Bedarf im Rahmen der Nexus-Sprint-Retrospektive überarbeitet und anschließend den einzelnen Teams übermittelt, welche darauf basierend ihre Definition of "Done" entsprechend adaptieren und für die kommenden Sprints befolgen. Achtung: Jede Anpassung der Definition of "Done" kann auch Auswirkungen auf die Schätzungen von Product-Backlog- Items haben, weil sich womöglich dadurch die daran zu verrichtenden Arbeiten verändern.

Das Nexus-Integrationsteam

Das Nexus-Integrationsteam ist verantwortlich für:

- das Beheben von Integrationsproblemen
- das Erstellen eines integrierten Inkrements, welches die "Done"-Produkte aller Teams umfasst.

Das Nexus-Integrationsteam ist ein Scrum-Team; es besteht aus:

- Product Owner
- Scrum-Master
- Nexus-Integrationsteammitgliedern.

54

Nexus-Integrationsteam – Mitglieder

Das Nexus-Integrationsteam besteht aus Fachleuten aus verschiedensten Bereichen wie

- Werkzeuge (Tools)
- Verschiedene Methoden und Praktiken
- Systems Engineering.

Die Aufgabe des Nexus-Integrationsteams besteht darin, sicherzustellen, dass die im Nexus verbundenen Teams die Praktiken und Werkzeuge verstehen, welche notwendig sind, um Abhängigkeiten zu erkennen, und dass die Scrum-Teams die der Definition of Done entsprechenden Artefakte häufig integrieren. Es integriert die umgesetzten Product-Backlog- Items nicht selbst und koordiniert auch nicht die Arbeit zwischen den Teams. Vielmehr soll es die Transparenz erhöhen, indem es die Scrum-Teams coacht und anleitet, wie sie die Nexus-Praktiken und -Werkzeuge erfolgreich anwenden.

Das Nexus-Integrationsteam trägt die Verantwortung für Integrationsprobleme, was nicht bedeutet, dass sie die Arbeit selbst erledigen müssten. Sie können auch mit einem oder mehreren Scrum-Teams zusammenarbeiten, um Integrationsprobleme zu lösen.

Das Nexus-Integrationsteam coacht die einzelnen Scrum-Teams in Bezug auf die erforderlichen Entwicklungs-, Infrastruktur- oder Architekturstandards, die von der Organisation benötigt werden, um die Entwicklung hochwertiger integrierter Inkremente sicherzustellen.

Wenn die Hauptverantwortung des Nexus-Teammitglieds erfüllt ist, können Nexus-Integrationsteammitglieder auch als Entwicklungsteammitglieder in einem oder mehreren Scrum-Teams arbeiten.

Es liegt in der Verantwortung der Mitglieder jedes Entwicklungsteams, mit den anderen Teams zusammenzuarbeiten, um sicherzustellen, dass ihre Sprint-Arbeit so ausgerichtet ist, dass ein integriertes Inkrement erstellt werden kann.

Scrum-Master im NIT

Der Nexus-Scrum-Master ist Mitglied des Nexus-Integrationsteams (NIT).

Der Scrum-Master im Nexus-Integrationsteam trägt die Gesamtverantwortung dafür, dass das Nexus-Framework verstanden und umgesetzt wird.

Der Scrum-Master stellt sicher, dass die Daily-Nexus-Scrum-Meetings täglich stattfinden und besucht werden. Der Nexus-Scrum-Master kann auch ein Scrum-Master in einem oder mehreren der Scrum-Teams sein.

Product Owner im NIT

Der Product Owner ist Mitglied des Nexus-Integrationsteams.

In Scrum oder Scrum mit Nexus gibt es nur ein Product-Backlog und einen einzelnen Product Owner (für ein einzelnes Produkt), d.h., die einzelnen Teams haben keinen "separaten" Product Owner.

Scrum-Teams, die an demselben Produkt arbeiten, integrieren ihre Arbeit in dasselbe Nexus und bieten so dem gleichen Product Owner einen Mehrwert.

Der Product Owner ist dafür verantwortlich, den Wert des Produkts und die integrierte Arbeit der Scrum-Teams (in einem Nexus-Framework) zu maximieren.

Nexus-Events

Wie Scrum und die meisten anderen agilen Herangehensweisen basiert auch Nexus auf einem Prozess, der iterativ (sich wiederholend) durchlaufen wird und damit das Rückgrat von Nexus bildet. Der Nexus-Prozess wird üblicherweise als ein Prozess mit sechs Prozessschritten dargestellt, welche auch die fünf Nexus-Events einschließen. Dabei ersetzt der Nexus-Prozess den Scrum-Prozess nicht, sondern bildet den äußeren Rahmen (Exoskelett von Scrum).

Der Nexus-Prozess

Schritt 1: Backlog-Refinement

- Das Product-Backlog wird zerlegt, um Abhängigkeiten zu identifizieren, zu entfernen oder zu minimieren.
- Product-Backlog-Elemente werden zu dünn geschnittenen Funktionen verfeinert.
- Das Scrum-Team, das wahrscheinlich die Arbeit erledigt, wird identifiziert.

Schritt 2: Nexus-Sprintplanung

- Ausgewählte Vertreter jedes Scrum-Teams treffen sich, um das verfeinerte Product- Backlog zu überprüfen.
- Die Vertreter wählen für jedes Team Product-Backlog-Elemente aus.
- Jedes Scrum-Team plant dann seinen eigenen Sprint. Es arbeitet gegebenenfalls mit anderen Teams zusammen.

Schritt 3: Entwicklungsarbeit

- Alle Teams integrieren ihre Arbeit häufig in eine gemeinsame Umgebung, die getestet werden kann, um sicherzustellen, dass die Integration erfolgreich ist.

Schritt 4: Nexus Daily Scrum

- Geeignete Vertreter jedes Entwicklungsteams treffen sich täglich im Nexus Daily Scrum, um festzustellen, ob Integrationsprobleme vorliegen. Wenn Integrationsprobleme festgestellt werden, werden diese Informationen an das Daily Scrum der betroffenen Scrum-Teams zurückgemeldet.
- Scrum-Teams verwenden ihr Daily Scrum, um sicherzustellen, dass die Integrationsprobleme behoben werden, die sich während des Nexus Daily Scrum zeigen.

Schritt 5: NexusSprint-Review

- Das Nexus-Sprint-Review wird durchgeführt, um Feedback zu dem integrierten Inkrement zu geben, das ein Nexus über den Sprint erstellt hat.
- Alle einzelnen Scrum-Teams treffen sich mit Stakeholdern, um das integrierte Inkrement zu evaluieren.
- Auf der Grundlage des Feedbacks der Stakeholder können Anpassungen am Product-Backlog vorgenommen werden.

Schritt 6: Nexus-Sprint-Retrospektive

- Repräsentanten der Nexus-Teams treffen sich gemeinsam, um Probleme zu identifizieren
- Jedes Team führt seine individuelle Sprint-Retrospektive durch
- Vertreter der Teams treffen sich wiederum gemeinsam, um notwendige Aktivitäten zu diskutieren und so sicherzustellen, dass die Erkenntnisse aus den einzelnen Teams dem ganzen Nexus zur Verfügung stehen (Bottom-up-Ansatz).

Nexus-Backlog-Refinement

Anders als in Scrum wird das Nexus-Backlog-Refinement zu den Nexus-Events gezählt und ist somit obligatorisch. Grund dafür ist, dass – anders als in Scrum, wo der Wegfall von Refinement-Tätigkeiten zwar einen Nachteil bedeutet, aber nicht ausdrücklich verboten wäre – in Nexus mehrere Teams an einem einzigen Produkt zusammenarbeiten und entsprechende Vorarbeiten nochmals zusätzliche Wichtigkeit haben.

Das Nexus-Backlog-Refinement besteht aus den Schritten:

- Verstehen und Zerlegen der Product-Backlog-Elemente.
- Hinzufügen von Details zu den Product-Backlog-Elementen.
- Schätzen und Sortieren der Product-Backlog-Elemente.

Die Teams in einem Nexus müssen an einem gemeinsamen Refinement-Ereignis beteiligt sein, da sich Refinement darauf konzentriert, Product-Backlog-Elemente so weit zu zerlegen, dass die Teams verstehen können, welche Arbeit sie in welcher Reihenfolge in den kommenden Sprints liefern können.

Das Refinement von Product-Backlog-Elementen durch das Nexus wird fortgesetzt, bis die Product-Backlog-Elemente ausreichend unabhängig sind, um von einem einzelnen Scrum-Team ohne übermäßige Konflikte bearbeitet zu werden. Wie oft und wie lange Nexus- Backlog-Refinements stattfinden, wird vom Bedarf nach Abstimmung und dem Maß der vorhandenen Abhängigkeiten und Unsicherheiten bestimmt.

Ziele des Refinements sind:

- frühzeitiges Erkennen von Abhängigkeiten zwischen Product-Backlog-Items und nach Möglichkeit deren Auflösung
- Zuordnung der Product-Backlog-Items zu einzelnen Teams

- Reduktion von Komplexität durch das Unterteilen von Backlog-Items
- sicherstellen, dass die Mitglieder der Scrum-Teams die bevorstehenden Backlog- Item-Elemente verstehen
- es externen Fachexperten ermöglichen, sich zu beteiligen und bei Planung und Gestaltung zu unterstützen

Für das Backlog-Refinement wird eine Timebox von bis zu 10 % der Kapazität der Scrum-Teams empfohlen. Die Dauer kann sich während des Entwicklungsprozesses abhängig vom Bedarf verändern, sollte aber die empfohlene Kapazitätsgrenze nicht langfristig überschreiten.

Nexus-Sprint-Planning

Das Nexus-Sprint-Planning wird durchgeführt, um die Aktivitäten aller Scrum-Teams für einen einzelnen Sprint zu koordinieren. Voraussetzung für eine effiziente Arbeit im Rahmen des Nexus-Sprint-Plannings ist, dass eine ausreichende Zahl von "Ready" Product-Backlog- Items zur Verfügung steht und entsprechend vorgängig Nexus-Backlog-Refinements stattgefunden haben, in welchen die Anforderungen besprochen und angemessen detailliert wurden und wo Abhängigkeiten so weit wie möglich aufgelöst wurden.

Der Ablauf eines Nexus-Sprint-Planungsmeetings:

- Vertreter der Scrum-Teams treffen sich (nicht die gesamten Teams) und besprechen den Product-Backlog
- Die Vertreter wählen für ihre Teams die Product-Backlog-Elemente aus, welche bearbeitet werden sollen
- Die Scrum-Teams planen basierend auf den gewählten Elementen den eigenen Sprint. Sollten sich dabei Abhängigkeiten zu anderen Teams ergeben, erfolgt eine Absprache mit den betroffenen Teams.

Die Aufgaben des Product Owners im Nexus-Sprint-Planning:

- Der Product Owner schlägt ein Sprint Goal (Sprintziel) vor.
- Er bietet fachliche Inputs, wo diese benötigt werden.
- Er leitet die Auswahl der Product-Backlog-Items durch die Teams
- Er stellt sicher, dass die Prioritäten im Product-Backlog klar und verständlich sind und bietet bei Bedarf entsprechende Entscheidungen.

Die Timebox für die Nexus-Sprint-Planung beträgt 8 Stunden für einen 1-Monats-Sprint. Bei kürzeren Sprints entsprechend weniger. Gemäß Nexus-Guide entsprechen die Timeboxen der Nexus-Events denen, welche in dem Scrum-Guide für Scrum festgesetzt wurden.

Ergebnisse eines Nexus-Sprint-Planning-Meetings sind:

- Die Sprintziele der einzelnen Teams stimmen mit dem übergeordneten Nexus- Sprintziel überein (d.h., gemeinsam stellen sie sicher, dass das Nexus-Sprintziel erreicht werden kann)
- Jedes Scrum-Team hat ein eigenes Sprint-Backlog
- Der Nexus-Sprint-Backlog stellt die Summe der Sprint-Backlogs der Teams dar

Die Nexus-Sprintplanung ist abgeschlossen, wenn die Scrum-Teams ihre individuellen Sprint-Planungen abgeschlossen haben.

Nexus Daily Scrum

Das Nexus Daily Scrum ist die skalierte Version des Daily Scrum-Events aus dem Scrum-Framework. Im Rahmen des Events wird besprochen:

- Wurde die Arbeit von gestern erfolgreich integriert? Falls nein, warum nicht?
- Welche neuen Abhängigkeiten wurden identifiziert?
- Welche Informationen müssen zwischen Teams im Nexus geteilt werden?

An diesem Event nehmen Vertreter der im Nexus involvierten Entwicklerteams teil. Daneben besteht das Daily Scrum wie im Rahmen des Scrum-Guide weiter und ist für alle Team-Mitglieder obligatorisch.

Der Nexus-Sprint-Backlog sollte täglich aktualisiert werden. Dies geschieht bevorzugt im Rahmen des Nexus Daily Scrum, um stets den aktuellen Status der Arbeiten der Teams darzustellen.

Erkenntnisse über Integrationsprobleme, welche im Rahmen des Nexus Daily Scrums identifiziert wurden, werden an die Daily Scrums zurückgemeldet. Im Rahmen der Events wird dann sichergestellt, dass die identifizierten Probleme behoben werden.

Das Nexus Daily Scrum sollte gemäß der Regel, dass Nexus-Events sich in der Timebox an denen von Scrum orientieren, unabhängig von der Anzahl der beteiligten Teams[7] bei maximal 15 Minuten liegen.

Nexus-Sprint-Review

Das Nexus-Sprint-Review ersetzt das Sprint-Review, welches aus Scrum bekannt ist. Hintergrund ist, dass es für den Kundennutzen nicht relevant ist, welches Team welche Funktionalität gebaut hat,

---

[7] Nexus fokussiert mit dem Framework Umgebungen mit 3–9 Teams, somit ist die Zahl der Teilnehmer an einem Nexus Daily Scrum mit denen an einem "normalen" Daily Scrum in Scrum vergleichbar.

sondern nur, was insgesamt im Rahmen des Sprints realisiert wurde. Im Zusammenspiel der Arbeitsresultate ergibt sich auch das höchste Potential dafür, dass Stakeholder-Feedback maximalen Nutzen im Hinblick auf eine Optimierung des Wertes der umgesetzten Lösung bietet.

Vertreter der einzelnen Scrum-Teams nehmen am Nexus-Sprint-Review teil. Die Scrum-Teams entscheiden selbst, welche Personen am besten für die Teilnahme geeignet sind. Dies kann sich im Laufe der Zeit ändern und von Nexus-Sprint-Review zu Nexus-Sprint-Review variieren.

Auf der Grundlage des Feedbacks der Stakeholder können Anpassungen am Product- Backlog vorgenommen werden. Das Ergebnis des Nexus-Sprint-Reviews ist ein überarbeitetes Product-Backlog.

Basierend auf der Aussage über die Dauer der Nexus-Events ist für das Nexus-Sprint- Review eine Timebox von 4 Stunden pro Woche Sprintdauer vorgesehen.

Nexus-Sprint-Retrospektive

In der Nexus-Sprint-Retrospektive treffen sich Vertreter aus allen Scrum-Teams, um den letzten Sprint zu überprüfen und gemeinsam festzustellen, wie er in Bezug auf Personen, Beziehungen, Prozesse, Werkzeuge und erzielte Resultate verlief, und darauf basierend mögliche Verbesserungen zu identifizieren und damit eine Grundlage für kontinuierliche Verbesserung zu legen.

Sie besteht aus drei Teilen:

1. *"Der erste Teil ist eine Möglichkeit, dass sich geeignete Repräsentanten aus dem gesamten Nexus treffen können und Probleme identifizieren, die Auswirkungen auf mehr als ein Scrum Team hatten. Dies dient dazu, allen Teams gemeinsame Probleme transparent zu machen.*

2. *Der zweite Teil besteht darin, dass jedes Scrum Team seine eigene Sprint Retrospektive abhält, wie sie im Scrum Guide beschrieben ist. Sie können hierzu die Ergebnisse aus dem ersten Teil der Nexus Sprint Retrospektive für ihre Diskussionen nutzen. Die individuellen Scrum Teams sollten während ihrer Retrospektiven konkrete Maßnahmen erarbeiten, um die Probleme zu adressieren.*

3. *Der finale, letzte Teil ist eine Möglichkeit, dass sich geeignete Repräsentanten aus den Scrum Teams erneut treffen und sich darüber einig werden, wie beschlossene Maßnahmen visualisiert und kontinuierlich verfolgt werden. Dies ermöglicht es dem Nexus, sich als Ganzes anzupassen.[8]"*

---

[8] Quelle: Nexus Guide, Deutsche Übersetzung, Version 2018

67

Themen, welche im Rahmen der Retrospektive betrachtet werden, sind:

- Wurden alle geplanten Arbeiten ausgeführt? Hat der Nexus technische Schulden[9] gemacht?
- Wurden umgesetzte Product-Backlog-Items laufend integriert?
- Wurde die Software oft genug erfolgreich erstellt, getestet und bereitgestellt, um die überwältigende Anhäufung ungelöster Abhängigkeiten zu verhindern?

---

[9] Wikipedia.de (Zugriff 7/2020):

"Technische Schulden oder Technische Schuld (englisch technical debt) ist eine in der Informatik gebräuchliche Metapher für die möglichen Konsequenzen schlechter technischer Umsetzung von Software. Unter der technischen Schuld versteht man den zusätzlichen Aufwand, den man für Änderungen und Erweiterungen an schlecht geschriebener Software im Vergleich zu gut geschriebener Software einplanen muss.

Der Begriff „Technische Schulden" wird von Informatikern wie Ward Cunningham, Martin Fowler, Steve McConnell oder Robert C. Martin verwendet, um Managern und anderen Stakeholdern von Softwareprojekten klarzumachen, dass das Aufschieben von Maßnahmen zur Sicherung und Erhöhung technischer Qualität die Softwareentwicklung nicht beschleunigt, sondern verlangsamt – je länger desto mehr.

Technische Schuld unterscheidet sich von Anti-Pattern insofern, als die Entscheidung, technische Schulden zu machen, auch bewusst und nach Abwägung der Vor- und Nachteile getroffen werden kann, während Anti-Pattern immer eine Folge von Faulheit und Unprofessionalität sind."

Der Sprint – die Nexus-Sprintdauer

Die verschiedenen in einem Nexus vereinten Teams können unterschiedliche Sprintlängen haben. Dabei muss sich jedes Team an der Nexus-Sprintdauer ausrichten (z. B. 4 Wochen), kann aber für sich beschließen, beispielsweise zweiwöchige Sprints durchzuführen. Voraussetzung ist, dass es zu keiner Überschneidung kommt, bei der bei Nexus-Sprintende ein Team mitten im Sprint ist.

Faktoren, die die Sprintdauer bestimmen können, sind:

- Gefahr von negativen Einflüssen auf die Zusammenarbeit mit den Stakeholdern/Kunden
- Unsicherheit über die verwendete Technologie und Geschwindigkeit
- Effekte des Marktes oder die Notwendigkeit, gewissen äußeren Abhängigkeiten zu entsprechen.

DIE SCRUM.ORG SPS-ZERTIFIZIERUNG

Die Scrum.org SPS-Zertifizierung ist eine eher exklusive Zertifizierung. Seit dem Erscheinen der Prüfung im Jahr 2015 haben – Stand 7/2020 – nur gerade 3000 Personen diese Prüfung bestanden, was im Vergleich mit dem Scrum-Master innerhalb von 5 Jahren extrem wenig ist. Sie haben also die Möglichkeit, in einen exklusiven Kreis von Fachleuten einzutreten.

Die Rahmendaten zur Prüfung:

Kosten	US$ 250
Dauer	1 Std. (keine Verlängerungen für Nicht-Muttersprachler)
Sprache	Englisch – es existiert ein Translation Plugin von Google – wobei die Korrektheit der Übersetzungen von Scrum.org nicht garantiert werden kann
Fragen	40
Mindestanforderung	85 % (34 richtige Antworten von 40)
Fragen-Arten	Multiple Choice, Multiple Answer, und true/false
Teilnahme-Voraussetzung	Keine – wer die Prüfungsgebühr bezahlt hat, kann teilnehmen
Wiederholung	Die Prüfung kann beliebig oft wiederholt werden. Jede Wiederholung kostet die volle Prüfungsgebühr

Neben dem Nexus-Stoff wird ein gutes Verständnis der Scrum-Grundlagen im Rahmen einer Scrum PSM- oder PSPO-Zertifizierung vorausgesetzt. Sinnvollerweise wird zunächst eine dieser genannten Zertifizierungen abgelegt. Dies ist allerdings keine Vorbedingung vonseiten Scrums.

Als weitere Unterstützung bei der Vorbereitung der Prüfung kann auf der Webseite der Scrum.org für SPS (wie für fast alle anderen Zertifizierungsprüfungen auch) eine reduzierte Probeprüfung "Nexus Open"[10] kostenlos beliebig oft abgelegt werden. Die darin dargestellten Fragen entstammen dem Fragenpool der Prüfung. Allerdings decken sie nur einen sehr beschränkten Umfang ab. Daneben finden sich im Internet verschiedene Seiten mit (teils kostenpflichtigen) Musterfragen, wobei nicht alle davon wirklich mit den Inhalten der Nexus-Zertifizierungsprüfung übereinstimmen.

---

[10] https://www.scrum.org/open-assessments/nexus-open

NACHWORT

Nexus ist eine Weiterentwicklung von Ken Schwaber, einem der Väter von Scrum, basierend auf dem Scrum-Guide. Es stellt eines von inzwischen zahlreichen Frameworks zur Skalierung von Scrum dar. Alternativen, welche in dem Zusammenhang oft genannt werden, sind Less, SAFe, Scrum@Scale, Spotify-Framework, aber auch skalierte agile Umgebungen, welche nicht auf Scrum aufsetzen, wie DSDM.

Tatsächlich kann man zweifellos sagen, dass das Ziel, ein Exoskelett von Scrum zu entwickeln, in diesem Ansatz gelungen scheint. Scrum wird weitgehend unangetastet gelassen und nur entsprechend um Elemente erweitert oder manche werden auch substituiert. So gesehen ist Nexus zweifellos ein Erfolg.

Nichtsdestotrotz bin ich als Berater sehr zurückhaltend, wenn es darum geht, meinen Klienten Nexus als skaliertes Framework darzustellen, weil ich persönlich sowohl in der Lektüre des Nexus-Guide wie auch in den realisierten Umsetzungen den Eindruck habe, dass ein ganz zentrales Element von Scrum – nämlich die Selbstorganisation, basierend auf einer starken Identifikation des Entwicklerteams mit dem entstehenden Produkt – durch den vorgeschlagenen Prozess zu wenig unterstützt wird und dafür die Rolle des Product Owners mehr Aspekte einer Führung des Prozesses bekommt, welche mich in manchen Teilen schon wieder an einen Projektleiter erinnern. Da blutet mein agiles Herz und ich würde mir wünschen, dass manches anders definiert worden wäre. Gleichwohl:

Nexus ist ein System, welches bei etlichen Firmen erfolgreich eingesetzt wird und entsprechend seine Rechtfertigung hat.

Das vorliegende Buch ist als Einstieg in das Thema zu verstehen, da es Nexus-Neulingen erlauben soll, die ersten erfolgreichen Schritte mit Nexus zu machen. Es bietet all jenen, welche eine Scrum.org SPS-Zertifizierung anstreben, Informationen, um die Prüfung erfolgreich zu bestehen. Das Buch erhält nach meiner Erfahrung alle Informationen, welche dafür notwendig sind.

Ob Sie das Buch nun als künftiger Anwender und/oder als Kandidat für eine Zertifizierung gekauft haben – ich wünsche Ihnen bei Ihrem Vorhaben viel Erfolg!

Der Autor

LITERATURLISTE

- Bittner, Kurt, and Ian Spence. *Managing Iterative Software Development Projects*. Addison-Wesley, 2007.

- Bittner, Kurt, et al. *The Nexus Framework for Scaling Scrum: Continuously Delivering an Integrated Product with Multiple Scrum Teams*. Prentice Hall, 2018.

- Dingsøyr, Torgeir, et al. *Agile Methods. Large-Scale Development, Refactoring, Testing, and Estimation XP 2014 International Workshops, Rome, Italy, May 26-30, 2014, Revised Selected Papers*. Springer International Publishing, 2014.

- Larman, Craig. *Agile and Iterative Development: a Manager's Guide*. Addison-Wesley, 2012.

- Larman, Craig. *Large-Scale Scrum: Scaling Agile for Large & Multisite Development*. Addison-Wesley, 2014.

- Müller Paul C. *Agile Leadership Im Scrum-Kontext Servant*

Leadership für Agile Leader Und Solche, Die Es Werden Wollen. BoD - Books on Demand, 2020.

- "The Nexus™ Guide." *Scrum.org*, www.scrum.org/node/4709.

- Richards, Robert M. *DSDM® - Agiles Projektmanagement - Eine (Noch) Unbekannte Alternative Voller Vorteile Eine Einführung in Die AgilePM® Methode, Welche Das Beste Aus Klassischer Projektsteuerung Und Agiler Produktentwicklung Verbindet*. BoD - Books on Demand, 2020.

- Schwaber, Ken. *Agiles Projektmanagement Mit Scrum*. Microsoft Press, 2012.

- Sutherland, Jeff. *Das Scrum Praxisbuch*. Campus Verlag, 2020.

- Sutherland, Jeff. *Scrum: the Art of Doing Twice the Work in Half the Time*. Business News Publishing, 2016.

- Sutherland, Jeff. *Still Life: a Memoir*. Sutherland House, 2019.

- Sutherland, Jeff, et al. *The Power of Scrum*. CreateSpace, 2011.